Impressum
Verlag: BABADADA GmbH, Nedderfeld 112 , 22529 Hamburg
Geschäftsführer / Verlagsleitung: Harald Hof
Druck: Books on Demand GmbH, In de Tarpen 42, 22848 Norderstedt

Imprint
Publisher: BABADADA GmbH, Nedderfeld 112 , 22529 Hamburg, Germany
Managing Director / Publishing direction: Harald Hof
Print: Books on Demand GmbH, In de Tarpen 42, 22848 Norderstedt

قوتابخانه
school

پۆل
klaslokaal
دابەشکردن
delen
186/2
تەختە
bord
speelplaats
مامۆستا
leerkracht
کاغەز
papier
نووسین
schrijven
پێنووس
pen
مێزی نووسین
bureau
خەتکێش
liniaal
کتێب
boek
خوێندکار
leerling

چەواڵ
schooltas

جانتای پێنووس
pennenzak

پێنووس
potlood

تیژکەرەوەی پێنووس
puntenslijper

ڕەشکەرەوە
gom

پەدی نیگارکێشان
tekenblok

2

نیگارکێشان
....
tekening

فڵچەی ڕەنگ
....
verfborstel

قوتووی ڕەنگ
....
verfdoos

مەقەست
....
schaar

چەسپ، کەتیرە
....
lijm

کتێبی ڕاهێنان
....
werkboek

کاری ماڵەوە
....
huiswerk

12

ژمارە
....
nummer

2+2

زیدەکردن
....
optellen

5-2

کەمکردن
....
aftrekken

2×2

لێکدان
....
vermenigvuldigen

حسابکردن، ژماردن
....
rekenen

A

پیت
....
letter

ABCDEFG
HIJKLMN
OPQRSTU
VWXYZ

ئەلفوبێ
....
alfabet

hello

وشە
....
woord

نووسراوە، دەق

tekst

خوێندنەوە

Lezen

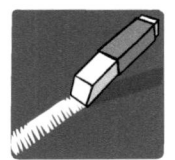

گەچ

krijt

خول، دەرس

les

تۆمارکردن

klassenboek

ئەزموون، تاقیکردنەوە

examen

بڕوانامە

certificaat

جلی قوتابخانە

schooluniform

پەروەردە

onderwijs

زانیاری نامە

encyclopedie

زانکۆ

universiteit

میکرۆسکۆپ

microscoop

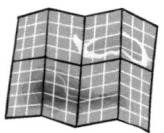

خەریتە، نەخشە

kaart

سەبەتەی کاغەز

papiermand

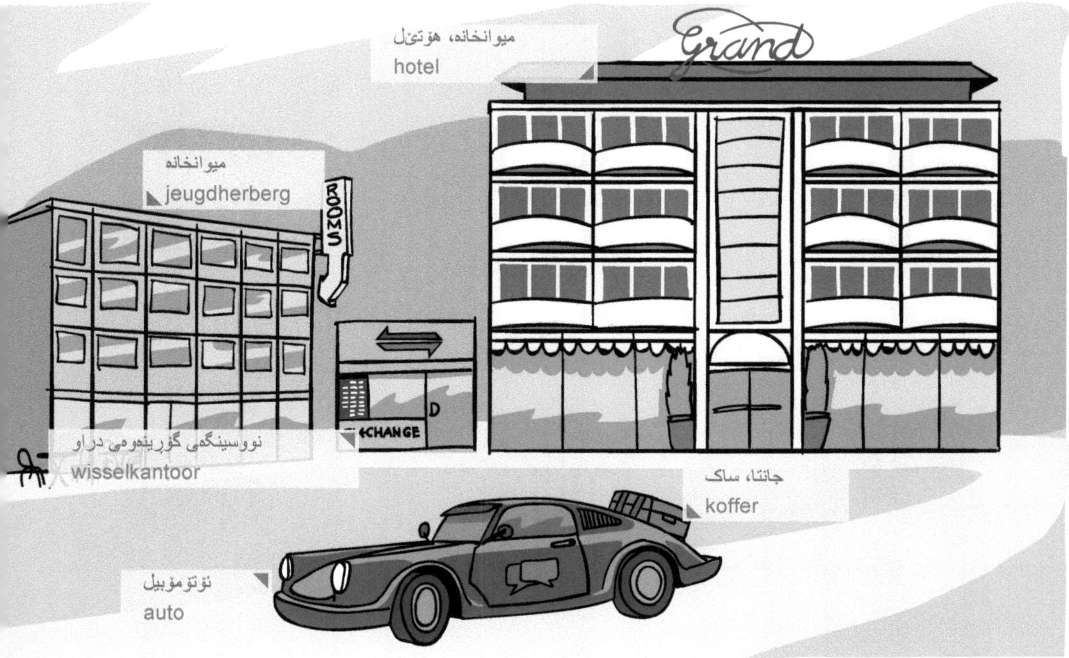
میوانخانە، هۆتێل
hotel
Grand
میوانخانە
jeugdherberg
ROOMS
CHANGE
نووسینگەی گۆڕینەوەی دراو
wisselkantoor
جانتا، ساک
koffer
ئۆتۆمۆبیل
auto

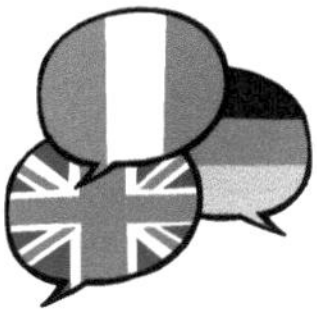

زمان

Taal

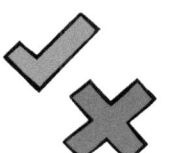

بەڵێ / نەخێر

ja / nee

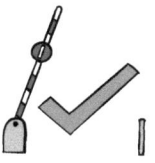

باشە

oké

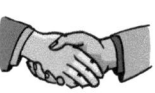

سڵاو

hallo

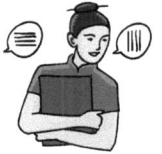

وەرگێڕی دەق

vertaler

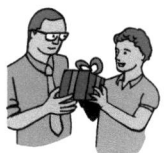

سپاس

bedankt

بەچەندە ...؟
....
Hoeveel kost ...?

من تێناگەم
....
Ik begrijp het niet

کێشە
....
probleem

ئێوارە باش!
....
Goedenavond!

بەیانی باش!
....
Goedemorgen!

شەو باش!
....
Goedenavond!

ماڵئاوا، بەخێربچی
....
Tot ziens

ئاراستە، ڕێڕەو
....
richting

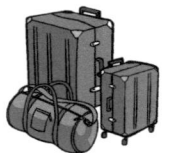

جانتا
....
bagage

جانتا
....
zak

کوڵەپشتی
....
rugzak

میوان
....
gast

ژوور، دیو
....
kamer

کیسەخەو
....
slaapzak

چادر، دەوار
....
tent

زانیاری بۆ گەشتیار
....
toeristeninformatie

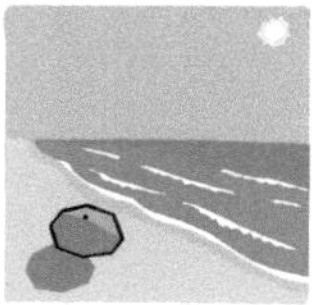

کەناراو
....
strand

کارتی قەرز
....
kredietkaart

نانی بەیانی
....
ontbijt

نانی نیوەڕۆ
....
lunch

نانی شەو
....
avondeten

بلیت
....
ticket

ئاسانسۆر
....
lift

پوول، تەمر
....
postzegel

سنوور
....
grens

گومرک
....
douane

باڵوێزخانە
....
ambassade

ڤیزا
....
visum

پاسەپۆرت
....
paspoort

گواستنەوە

transport

vliegtuig
کەشتی
schip
مەکینەی ئاگرکوژێنەوە
brandweerwagen
پاس
bus
لۆری
vrachtwagen
بەلەمی ماتۆڕی
motorboot
دووچەرخە، پایسکل
fiets
ئۆتۆمۆبیل
auto

کەشتی گواستنەوە
....
veerboot

بەلەمی ماتۆڕی
....
boot

ماتۆڕ
....
motor

ئوتومبێلی پۆلیس
....
politiewagen

ئوتومبێلی پێشبڕکێ
....
racewagen

ئۆتۆمۆبیلی کرێ
....
huurauto

ئۆتۆمۆبیل هاوبەشکردن

carpoolen

لۆری ڕاکێشکردن

sleepwagen

لۆری زبڵ

vuilniswagen

ماتۆڕ

motor

سووتەمەنی

benzine

وێستگەی بەنزین

benzinestation

تابلۆی هاتووچۆ

verkeersbord

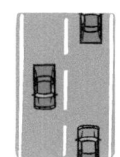

هاتووچۆ

verkeer

ترافیک

file

شوێنی ڕاگرتنی ئۆتۆمۆبیل

parkeerplaats

وێستگەی شەمەندەفەر

station

هێڵی ئاسن

sporen

شەمەندەفەر

trein

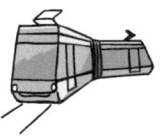

قەتاری سەرشەقام

tram

داشقە

wagon

هەلیکۆپتەر

helikopter

فرۆکەخانە

luchthaven

بورج

toren

نەفەر

passagier

دەفر، کانتینەر

container

کارتۆن

karton

داشقە

kar

سەوەتە

mand

هەڵفڕین / نیشتن

opstijgen / landen

شار

stad

گوند، دێهات

dorp

ناوەندی شار

stadscentrum

ماڵ، خانوو

huis

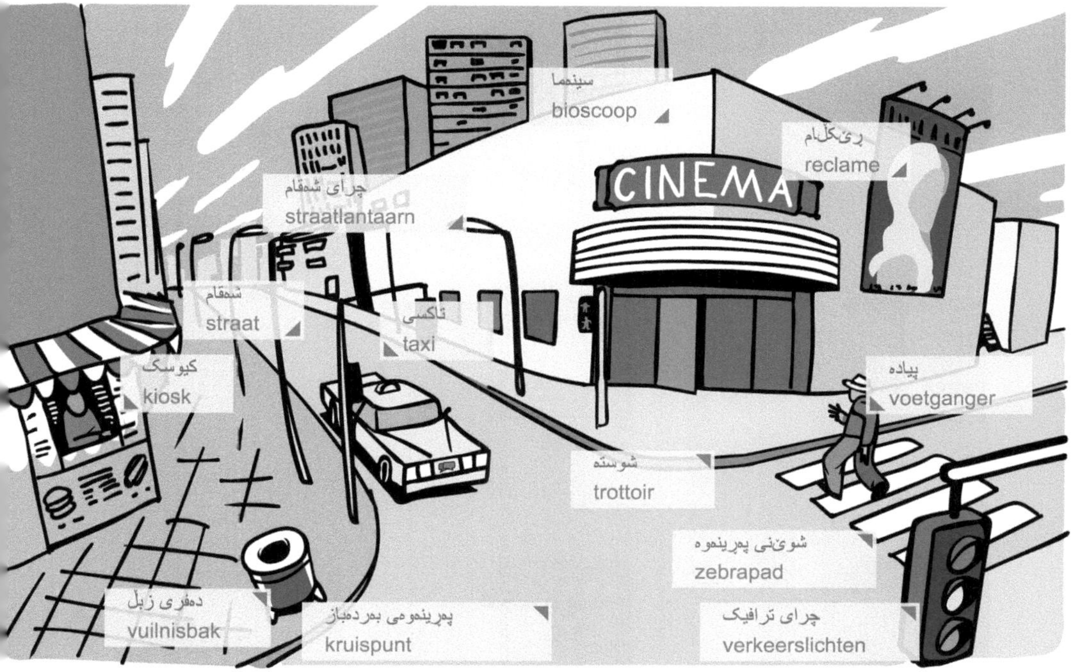
سینەما
bioscoop
ڕیکلام
reclame
CINEMA
چرای شەقام
straatlantaarn
شەقام
straat
تاکسی
taxi
کیوسک
kiosk
پیادە
voetganger
شوستە
trottoir
شوێنی پەڕینەوە
zebrapad
دەفری زبڵ
vuilnisbak
پەڕینەوەی بەردەباز
kruispunt
چرای ترافیک
verkeerslichten

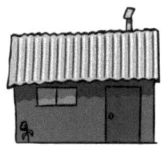

خانووچکە
....
hut

نهۆم، باڵەخانە
....
woning

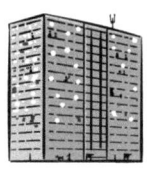

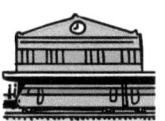

وێستگەی شەمەندەفەر
....
station

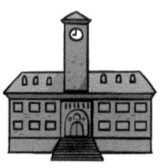

کۆشکی شارەوانی
....
stadshuis

MUSEUM

مۆزەخانە
....
museum

قوتابخانە
....
school

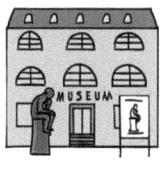

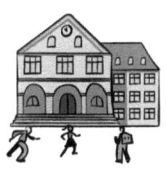

زانکۆ

universiteit

بانک

bank

نەخۆشخانە، خەستەخانە

ziekenhuis

میوانخانە، هۆتێل

hotel

دەرمانخانە

apotheek

نووسینگە، فەرمانگە

kantoor

کتێبفرۆشی

boekwinkel

دووکان

winkel

گوڵفرۆشی

bloemenwinkel

سوپەرمارکێت

supermarkt

بازار

markt

فرۆشگا

warenhuis

ماسیفرۆش

vishandelaar

ناوەندی کڕین

winkelcentrum

بەندەر

haven

پارک
....
park

کورسی درێژ
....
bank

پرد
....
brug

پێ پیلکان
....
trap

ژێرزەوی
....
metro

تونێل
....
tunnel

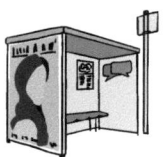

وێستگەی پاس
....
bushalte

مەیخانە
....
bar

ڕێستۆرانت
....
restaurant

سندووقی پۆست
....
brievenbus

تابڵۆی شەقام
....
straatnaambord

پێوەری پارکینگ
....
parkeermeter

باخچەی ئاژەڵان
....
zoo

حەوزی مەلە
....
zwembad

مزگەوت
....
moskee

مەزرا

boerderij

پیسبوونی ژینگە

milieuverontreiniging

قەبرستان، گۆڕستان

kerkhof

کەنیسە

kerk

شوێنی یاری

speelplaats

پەرستگا

tempel

دیمەن

landschap

گەڵا
blad
تابلۆی ڕێنیشاندەر
wegwijzer
weg
weide
بەرد
steen
دار
boom
شاخەوان
wandelaar
ڕووبار، چەم
rivier
گژوگیا
gras
گوڵ
bloem

دۆڵ، شیو

vallei

بەرزایی

heuvel

دەریاچە

meer

دارستان

bos

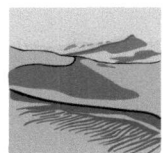

چۆڵەوار

woestijn

بورکان

vulkaan

قەڵا

kasteel

کۆلکەزێڕینە

regenboog

کارگ

paddenstoel

دارخورما

palmboom

مێشوولە

mug

مێشوولە

vlieg

مێروولە

mier

مێش هەنگوین

bijl

جاڵجاڵووکە

spin

قالۆنچە
....
kever

بۆق
....
kikker

سمۆرە
....
eekhoorn

ژیشک
....
egel

کەروێشکە کێوی
....
haas

کوند
....
uil

باڵندە
....
vogel

قازی سپی
....
zwaan

بەرازی کێوی
....
wild zwijn

ئاسک
....
hert

بزنە کێوی
....
eland

بەنداو
....
dam

تۆربینی با
....
windturbine

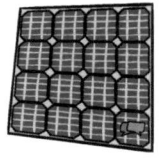

پەڕەی خۆری
....
zonnepaneel

ئاووهەوا
....
klimaat

خزمەتکار
ober
لیستە، پێرست
menu
کورسی
stoel
سووپ، شۆرباو
soep
پیتزا
pizza
چەقۆ و چەتاڵ
bestek
سفرە
tafelkleed

خواردنی دەستپێک
voorgerecht

خواردنی سەرەکی
hoofdgerecht

دێسێر
nagerecht

خواردنەوە
drankjes

خواردن
eten

بوتڵ
fles

خواردنی خێرا

fastfood

خواردنی سەرشەقام

street food

قۆری

theepot

قوتووی شەکر

suikerpot

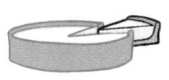

بەش

portie

نامێری سازکردنی قاوەی ئێسپرەسۆ

espressomachine

کورسی بەرز

kinderstoel

تێچوو

rekening

کەشەف

dienblad

چەقۆ

mes

چنگاڵ

vork

کەوچک

lepel

کەوچکی چا

theelepel

دەسماڵ

serviette

لیوان، پەرداخ

glas

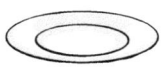

قاپ، دەوری، دەفر

bord

قاپی شۆرباو

soepbord

ژێرپیاڵە

schoteltje

سۆس

saus

خوێدان

zoutvatje

هاڕەری بیبار

pepermolen

سرکە

azijn

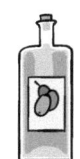

ڕۆن

olie

بەهارات

kruiden

دۆشاوی تەمات، سۆسی تەماتە

ketchup

سۆسی موستارد

mosterd

سۆسی مایۆنێز

mayonaise

سوپەرمارکێت

supermarkt

داشکاندنی تایبەتی
aanbieding
FOR
مشتەری
klant
شیرەمەنی
zuivelproducten
میوە
fruit
داشقە
winkelwagen

دووکانی قەسابی

slagerij

نانەواخانە

bakkerij

کێشان

wegen

سەوزی

groenten

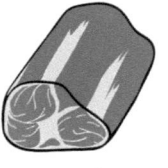

گۆشت

vlees

خواردنی بەستوو

diepvriesvoedsel

گۆشتی سارد
....
charcuterie

خواردنی کۆنسێرو
....
conserven

دەرمانی بشۆر
....
waspoeder

شیرینی
....
snoep

بەرهەمی خۆماڵی
....
huishoudproducten

بەرهەمی خاوێنکردنەوە
....
schoonmaakproducten

فرۆشیار
....
verkoopster

ژمێرەر
....
kassa

ژمێریار، خەزەندار
....
kassier

لیستی کڕین
....
boodschappenlijstje

کاتی دەوام
....
openingstijden

کیسەباخەڵ، جزدان
....
portefeuille

کارتی قەرز
....
kredietkaart

توورەکە، کیسە
....
tas

توورەکە
....
plastieken zakje

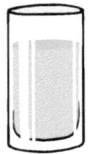

خواردنەوە
drankjes

ئاو

water

شەربەت

sap

شیر

melk

خەڵووز

cola

شەراب

wijn

بیرە

bier

ئەڵکۆل

alcohol

کاکاو

cacao

چایی، چا

thee

قاوە

koffie

قاوەی ئێسپرێسۆ

espresso

کاپۆچینۆ

cappuccino

خواردن

eten

مۆز

banaan

سێو

appel

پرتەقاڵ

sinaasappel

کاڵەک

meloen

لیمۆ

citroen

گێزەر

wortel

سیر

knoflook

حەیزەران

bamboe

پیاز

ajuin

کارگ

champignon

سەموونە، گوێز، ناوکە

noten

نوودڵ

noodles

ماکارۆنی

....

spaghetti

برینج

....

rijst

زەلاتە

....

salade

چپس

....

frieten

پەتاتەی برژاو، پەتاتەی سوورۆکراو

....

gebakken aardappelen

پیتزا

....

pizza

هەمبرگەر

....

hamburger

ساندویچ، دۆندرمە

....

sandwich

پارچە گۆشت

....

kalfslapje

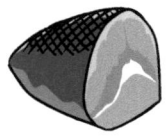

گۆشتی بەراز

....

ham

گۆشتی بەراز

....

salami

سۆسیس

....

worst

مریشک

....

kip

برژاندن، نرژان

....

braden

ماسی

....

vis

شۆرباوی ساوار

havervlokken

دانەوێڵەی تێکەڵ

muesli

دانەی دانەوێڵە

cornflakes

نارد

bloem

کرۆسانت، نانێکی فەرەنسی

croissant

نانی خڕ

pistolet

نان

brood

نانی برژاو

toast

بسکیت

koekjes

کەرە، ڕۆنی کەرە

boter

سەرتوێژ، توێژ

kwark

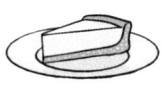

کەیک

taart

هێلکە

ei

هێلکەی برژاو

spiegelei

پەنیر

kaas

بەستەنی، دۆندرمە

ijs

شەکر

suiker

هەنگوین

honing

مرەبا

confituur

خامەی نۆگات

choco

بەهارات

curry

مەزرا

boerderij

کۆخ (ماڵ لە مەزرا)
تەویلە
schuur
گڵۆشی کا
strobaal
مەزرا
veld
paard
ماڵی سەفەری
aanhangwagen
جوانوو
veulen
تراکتۆر
tractor
ezel
schaap
بەرخ
lam

بزن

geit

مانگا

koe

گوێلک

kalf

بەراز

varken

فەرخە بەراز

biggetje

جوانەگا

stier

قاز

....

gans

مراوی

....

eend

جووچک

....

kuiken

مریشک

....

kip

کەڵەشێر

....

haan

جرج

....

rat

پشیلە

....

kat

مشک

....

muis

گا

....

os

سە، سەگ

....

hond

کونە سە

....

hondenhok

سۆندە

....

tuinslang

تونگمی ئاودان

....

gieter

ماڵەغان

....

zeis

گاسن

....

ploeg

داس

....

sikkel

مەڕە

....

schoffel

شەنە

....

hooivork

تەور

....

bijl

عارەبانەی دەستیی

....

kruiwagen

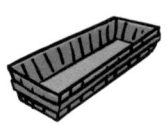

دەفری خواردنی ئاژەڵان

....

trog

دەفری شیر

....

melkkan

تەلیس

....

zak

پەرژین

....

hek

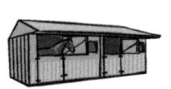

تەویلە

....

stal

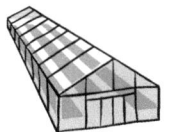

گوڵخانە

....

broeikas

خۆڵ

....

bodem

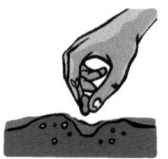

دەنک، نۆک

....

zaad

پەین

....

mest

کۆمباین

....

maaidorser

دروێنەکردن
....
oogsten

خەرمان
....
oogst

پەتاتە
....
yam

گەنم
....
tarwe

لووبیا، فاسۆلیا
....
soja

پەتاتە
....
aardappel

گەنمەشامی
....
maïs

جۆرێک دەخڵودان
....
koolzaad

داری بەری
....
fruitboom

سێوبنەعەرزیلە
....
maniok

دانەوێلەی تێکەڵ
....
graan

ماڵ، خانوو

huis

دووکەڵکێش
schoorsteen
سەربان
dak
بۆری ئاو
regenpijp
پەنجەرە
raam
گەراژ
garage
زەنگی دەرگا
deurbel
دەرگا
deur
دەفری زبڵ
vuilnisbak
سندووقی نامە
brievenbus
باخ
tuin

ژووری دانیشتن
woonkamer

حەمام، ئاودەستخانە
badkamer

چێشتخانە
keuken

ژووی خەو
slaapkamer

ژووری منداڵ
kinderkamer

ژووری نانخوارن
eetkamer

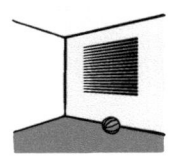

داڵان، ئەرز

vloer

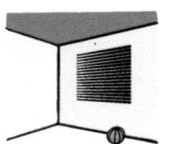

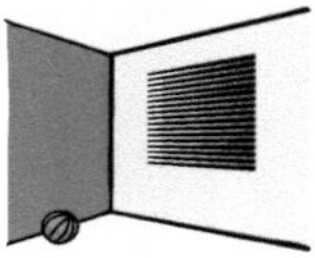

دیوار

muur

بن میچ

plafond

ژێرزەمین

kelder

ساونا

sauna

باڵکۆن، هەیوان

balkon

هەیوان

terras

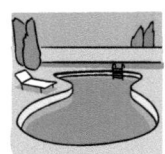

حەوز، مەلەوانگە

zwembad

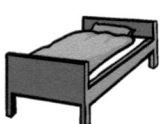

گژوگیابڕ

grasmaaier

مەلافە

dekbedovertrek

مەلافەی نوێن

dekbed

پێخەف، نوێن

bed

گسک

bezem

سەتڵ

emmer

سویچ، کلیل

schakelaar

woonkamer

کاغەزی دیواری
behangpapier
وێنە
foto
لامپ، چرا، گڵۆب
lamp
schap
kast
تەلەفیزیۆن
televisie
ئاگردان
open haard
گوڵ
bloem
kussen
سۆفا
sofa
گوڵدان
vaas
کۆنترۆڵ لە ڕێگەی دوور
afstandsbediening

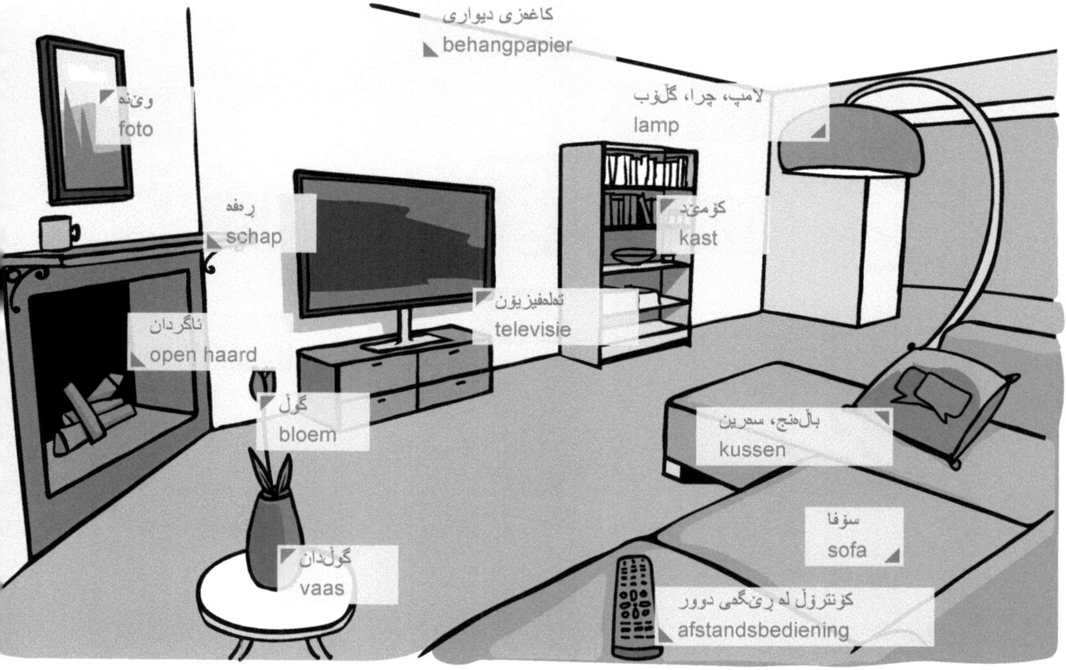

فەرش
mat

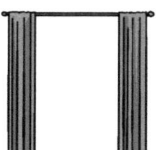

پەردە
gordijn

مێز
tafel

کورسی
stoel

کورسی ڕاژاندن
schommelstoel

کورسی دەسکدار
fauteuil

کتێب

boek

پەتوو، بەتانی

deken

ڕازاندنەوە

decoratie

داری سووتاندن

brandhout

فیلم

film

ستێریۆ

stereo-installatie

کلیل

sleutel

ڕۆژنامە

krant

نیگار، نیگارکێشان

schilderij

پۆستەر

poster

ڕادیۆ

radio

تیانووس

notitieboekje

گسکی کارەبایی

stofzuiger

کاکتووس

cactus

مۆم

kaars

چێشتخانە
keuken

سارد‌کەر
koelkast
مایکرۆوەیڤ
microgolfoven
keukenweegschaal
نان برژێن
broodrooster
دەرمانی خاوێنکردنەوە
afwasmiddel
oven
بەستێنەر
vriesvak
دەفری زبڵ
vuilnisbak
نامێری قاپ شۆردن
vaatwasmachine

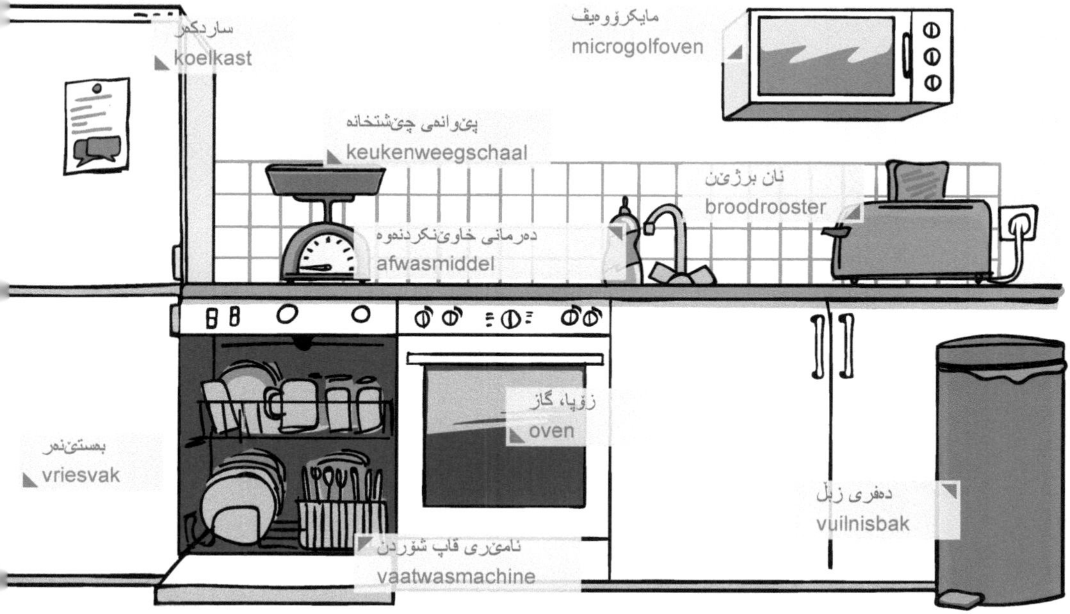

چێشتلێنەر

fornuis

مەنجەڵ

pot

قاپی ئوتوو

gietijzeren pot

تاوەی قووڵ

wok / kadai

تاوە

pan

کتری، ئاوگەمکەر

waterkoker

چێشتلێنەری هەڵمی

....

stoomkoker

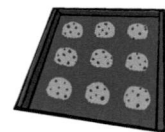

کەشەفی نانکردن

....

bakplaat

قاپ و قاچاغ

....

servies

کۆپ

....

mok

قاپ

....

kom

چیلکەی نانخواردن

....

eetstokjes

ئەسکوێ

....

pollepel

کەوگیر

....

spatel

گسک

....

garde

سووزمە

....

vergiet

بێژنگ

....

zeef

ئامێری جنینی پەنیر و سەوزە

....

rasp

دەستار

....

mortier

برژاندن

....

barbecue

ئاگر

....

haardvuur

تەختەی وردکردن

snijplank

تیرۆک

deegrol

بورغی فلین

kurkentrekker

قوتوو

blik

قوتووکەرەوە

blikopener

دەسرەی مەنجەڵ

pannenlap

دەستشۆر

gootsteen

فڵچە

borstel

ئیسفەنج

spons

تێکەڵکەر

blender

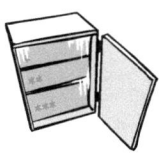

قەرسی

vriezer

شووشە شیر

papfles

شێری ئاو

kraan

حەمام، ئاودەستخانە

badkamer

زۆپا/گەرمکەر
verwarming
خاولی
handdoek
دووشی ئاو، خورژم
douche
پەردەی حەمام
douchegordijn
کەفی حەمام
bubbelbad
حەوزی حەمام
badkuip
لیوان، پەرداخ
glas
ئامێری دەفرشوتن
wasmachine
kraan
کاشی
tegels
ئاودەستی منداڵان
kinderpo
دەستشۆر
gootsteen

ئاودەست، تواڵێت
....
toilet

تواڵێتی نزم، ئاودەست
....
hurktoilet

جۆرێک تواڵێت
....
bidet

تواڵێت، ئاودەست
....
urinoir

کاغەزی ئاودەستخانە
....
toiletpapier

فڵچەی ئاودەستخانە
....
toiletborstel

فڵچەی ددان

tandenborstel

خەمیری ددان

tandpasta

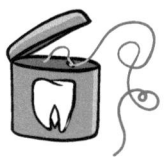

بەنی ددان

flosdraad

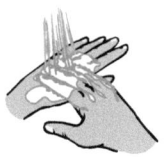

شۆردن، شوتن

wassen

خورژمی دەستی

handdouche

دووش

bidethanddouche

کاسەی دەستوچاوشوتن

waskom

فڵچەی پشت

rugborstel

سابوون

zeep

جێڵی خۆشوتن

douchegel

شامپۆ

shampoo

فلانێل

washandje

ئاوەڕۆ

afvoer

کرێم

crème

بۆنخۆشکەرە

deodorant

ئاوێنە

....

spiegel

ئاوێنەی دەستی

....

handspiegel

مەکینەی ڕیش تاشین

....

scheermes

سابوونی ڕیش تاشین

....

scheerschuim

کرێمی دوای ڕیش تاشین

....

aftershave

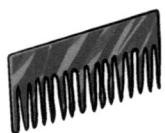

شانە

....

kam

فڵچە

....

borstel

سێشوار، سەرئیشککەرەوە

....

haardroger

سپرەی قژ

....

haarlak

سووراوسپیاو

....

make-up

سووراو

....

lippenstift

ڕەنگی نینۆک

....

nagellak

لۆکە

....

watten

مەقەستی نینۆک

....

nagelknipper

عەتر

....

parfum

کیسەی حەمام

....

toilettas

کورسی بێ پشت

....

kruk

پێوەر

....

weegschaal

خاولی حەمام

....

badjas

دەستەوانەی چەرم

....

latex handschoenen

تامپۆن

....

tampon

خاولی خاوێنکردنەوە

....

maandverband

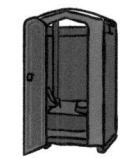

ئاودەستی کیمیایی

....

chemisch toilet

ژووری منداڵ

kinderkamer

سەعاتی زەنگدار
wekker
گەمەی شیرن
knuffel
ماشێنی یاری
speelgoedauto
شەقشەقەی منداڵ
rammelaar
خانووی بووکەشووشە
poppenhuis
دیاری
geschenk

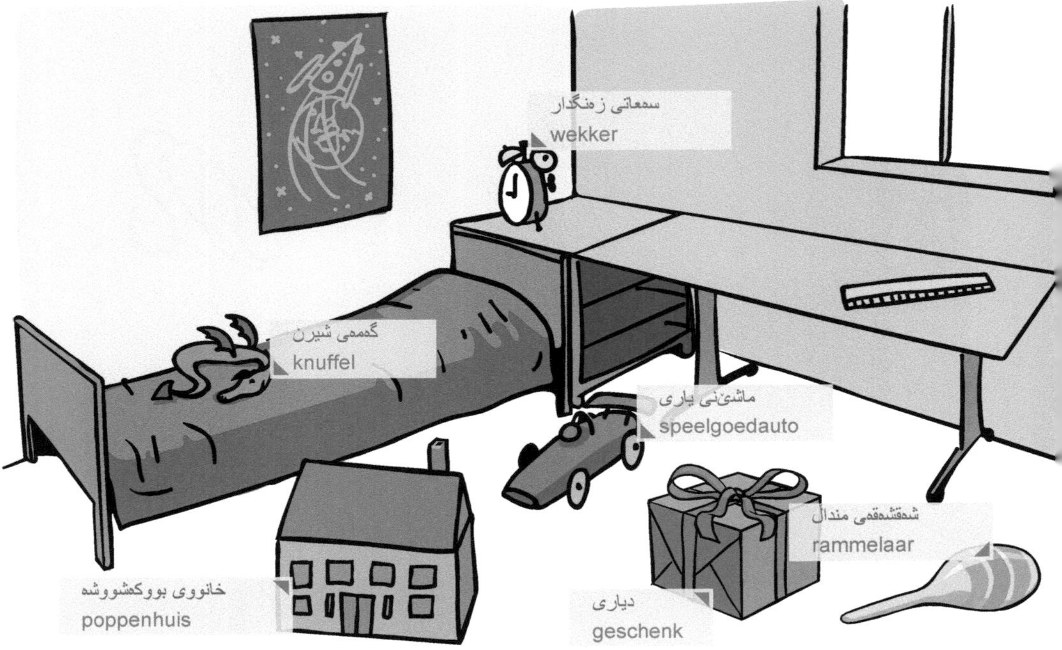

باڵۆن
....
ballon

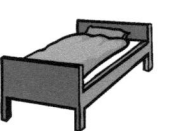

پێخەف، نوێن
....
bed

داشقەی منداڵ
....
kinderwagen

گەمەی کارت
....
spel kaarten

مەتەڵ، مەتەڵۆک
....
puzzel

کۆمێدی
....
stripboek

خشتی لێگۆ

legoblokjes

خشتی یاری

blokken

بووکە شووشە

actiefiguur

جلی منداڵ

kruippakje

یاری فریزبی

frisbee

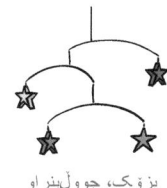

بزۆک، جووڵێنراو

mobiel

یاری تەختە

bordspel

مۆرە

dobbelsteen

مۆدێلی شەمەندەفەر

modelspoorweg

مەمکە مژە

fopspeen

میوانی، جەژن

feest

کتێبی وێنەدار

prentenboek

تۆپ

bal

بووکەشووشە

pop

کایە کردن، یاری کردن

spelen

قۆرتی خیزوخۆڵ
....
zandbak

جۆلانە
....
schommel

کایەی منداڵان، یاری منداڵان
....
speelgoed

گەمەی ویدیۆیی
....
spelconsole

سێچەرخە
....
driewieler

ورچی یاری
....
knuffelbeer

کەنتۆر
....
kleerkast

جلوبەرگ
kleding

گۆرەوی
....
sokken

گۆرەوی درێژ
....
kousen

گورەوی درێژ
....
maillot

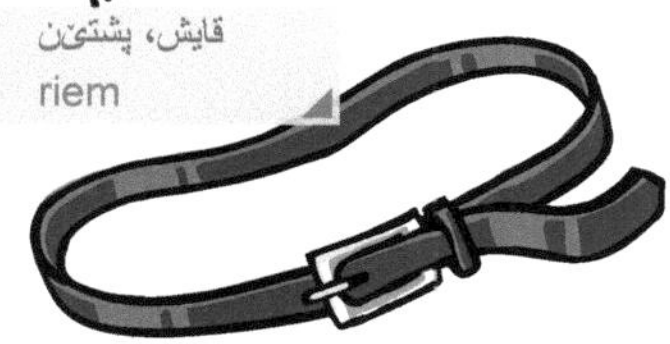

sjaal

قایش، پشتێن
riem

paraplu

کراس
T-shirt

پێڵاو
sneakers

چەکمە، پۆتین
laarzen

پێڵاوی ماڵ
slippers

پاپوچ

sandalen

کەوش، پێڵاو

schoenen

چەکمەی چەرم

rubberlaarzen

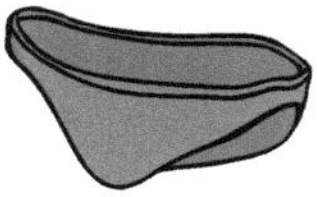

پانتۆڵی ژێرەوە

onderbroek

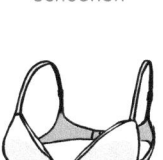

ستیان، سوخمە

beha

جلیسقە

onderhemd

جەستە، لەش

lichaam

پانتۆڵ

broek

پانتۆڵ

jeans

دامەن، تەنوورە

rok

کراس

blouse

کراس

hemd

بلووز

trui

بلووز

capuchontrui

چاکەت

blazer

چاکەت

jas

باڵتە

jas

بارانی

regenjas

پۆشاک

kostuum

کراسی ژنانە

jurk

جلی زەماوەند

trouwjurk

چاکەت و پانتۆڵ

....

pak

جلی خەو

....

nachthemd

جلی خەو

....

pyjama

ساری

....

sari

لەچکە

....

hoofddoek

جەمەدانە، سەرپێچ

....

tulband

بۆرکا

....

boerka

کەفتان

....

kaftan

عەبا

....

abaya

جل و بەرگی مەلەکردن

....

badpak

پانتۆڵی مەلە

....

zwembroek

پانتۆڵی کورت

....

short

جلوبەرگی ڕاهێنان

....

trainingspak

بەروانکە، بەرکوشە

....

schort

دەستەوانە

....

handschoenen

دوگمه

knoop

چاویلکه

bril

بازنه

armband

ملوانکه

ketting

ئەنگوستیلە

ring

گواره

oorbel

کڵاو

pet

داری جل هەڵواسین

kapstok

کڵاو

hoed

بۆینباخ

das

زیپ

rits

کڵاوی پارێزەر

helm

هەڵگر

bretellen

جلی قوتابخانە

schooluniform

یەکپۆش

uniform

بەرلیکە، بەرکۆشی منداڵ

slabbetje

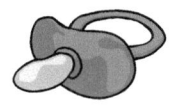

مەمکە مژە

fopspeen

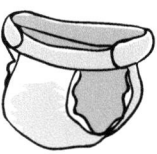

دایبی، پەڕۆشۆر

luier

نووسینگە، فەرمانگە

kantoor

server
دۆڵابی بەڵگە
dossierkast
چاپکەر
printer
کاغەز
papier
مۆنیتۆر، پیشانگەر
monitor
مێزی نووسین
bureau
ماوس
muis
بۆخچە
map
تەختەکلیل
toestenbord
سەبەتەی کاغەز
papiermand
کۆمپیوتەر
computer
کورسی
stoel

کۆپی قاوە

koffiemok

ژمێرەر

rekenmachine

ئینتەرنێت

internet

لەپتۆپ
....
laptop

نامە
....
brief

پەیام
....
bericht

مۆبایل، تەلەفۆنی دەست
....
gsm

تۆڕ
....
netwerk

ئامێری لەبەرگرتنەوە، کۆپیکەر
....
kopieerapparaat

نەرمەکالا
....
software

تەلەفۆن
....
telefoon

ساکێتی دووشاخە
....
stopcontact

ئامێری فەکس
....
fax

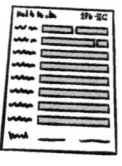

فۆرم
....
formulier

بەڵگە
....
document

کڕین
kopen

پارەدان
betalen

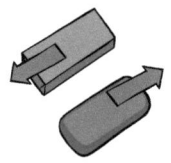

بازرگانی، ئاڵوگۆڕکردن
handelen

پارە، دراو
geld

دۆلار
dollar

یۆرۆ
euro

یەن
yen

ڕوبڵی ڕووسی
roebel

فرانکی سویسی
Zwitserse frank

یوان، یەکەی دراوی چینی
Chinese renminbi

ڕووپیە
roepie

مەکینەی پارە
geldautomaat

نووسینگەی گۆڕینەوەی دراو

wisselkantoor

زێڕ

goud

زیو

zilver

نەوت

olie

وزە

energie

بەها، نرخ

prijs

رێکەوتننامە

contract

باج

belasting

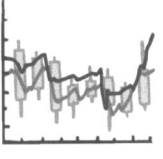

سەهام

aandeel

کارکردن

werken

کارمەند، کارکەر

werknemer

خاوەنکار

werkgever

کارخانە

fabriek

دووکان

winkel

ئیشەکان
beroepen

فەرمانبەری پولیس
politieagent
ئاگرکووژێنەر
brandweerman
چێشتلێنەر
kok
دکتۆر
dokter
فرۆکەوان
piloot

باخەوان
tuinman

دارتاش، مەرەنگوێز
timmerman

خەییات
naaister

دادوەر
rechter

کیمیازان
chemicus

شانۆگەر، شانۆکار
acteur

شۆفیری پاس
....
buschauffeur

شۆفیر تاکسی
....
taxichauffeur

ماسیگر
....
visser

گڵفەت
....
schoonmaakster

وەستای سەربان
....
dakdekker

خزمەتکار
....
ober

ڕاوچی
....
jager

بۆیاخچی
....
schilder

نانکەر
....
bakker

کارەباچی
....
elektricien

بەننا
....
bouwvakker

ئەنازیار
....
ingenieur

قەساب
....
slager

وەستای بۆری
....
loodgieter

پۆستەچی
....
postbode

سەرباز

soldaat

نەخشەکێش

architect

ژمێریار، خەزەندار

kassier

گوڵفرۆش

bloemist

ئارایشگەر

kapper

گەیێنەر

conducteur

میکانیک

mecanicien

کەشتیوان

kapitein

ددانساز، دوکتوری ددان

tandarts

زانا

wetenschapper

مەلای جوولەکان

rabbijn

ئیمام

imam

کەسی ئایینی

monnik

قەشە

geestelijke

ئامراز و کەرەستە

werktuigen

چەکووش
hamer
پلایز
tang
پێچبادەر
schroevendraaier
جمڕەبادەر
schroefsleutel
مەشخەڵ
zaklamp

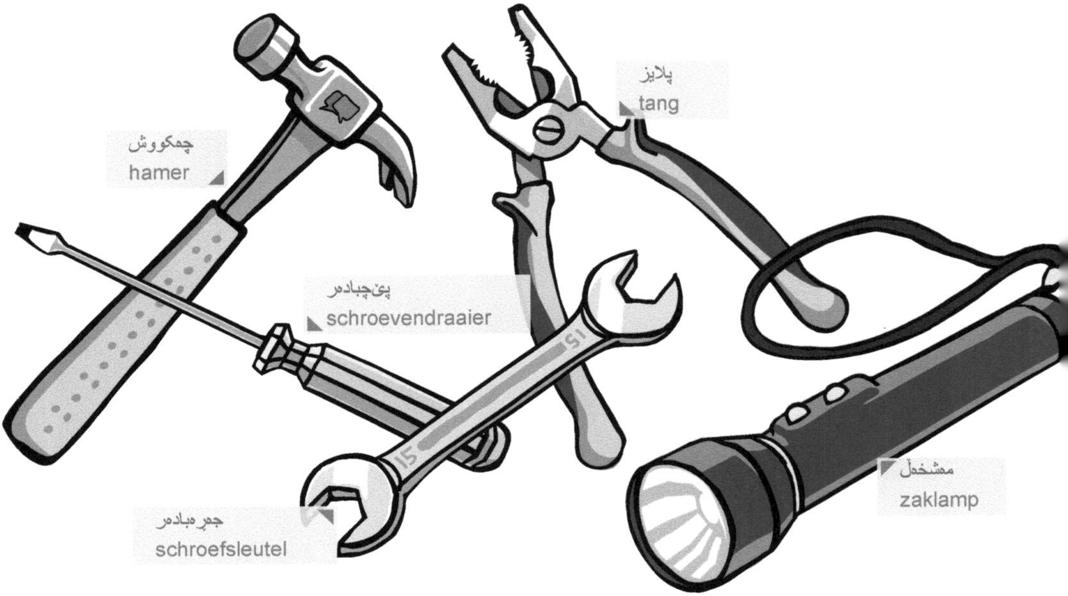

شۆفڵ

....

graafmachine

سندووقی ئامراز

....

gereedschapskoffer

پەیژە

....

ladder

مشار

....

zaag

بزمارەکان

....

spijkers

کونکەرە

....

boormachine

چاککردنەوە
....
repareren

پێەمدرە
....
schop

نەفرەت!
....
Verdomme!

خاکەناز
....
blik

قەتووی بۆیاخ
....
verfpot

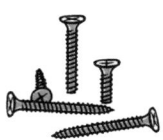

پێچمکان، جمڕەمکان
....
schroeven

ئامێرەکانی مووزیک

muziekinstrumenten

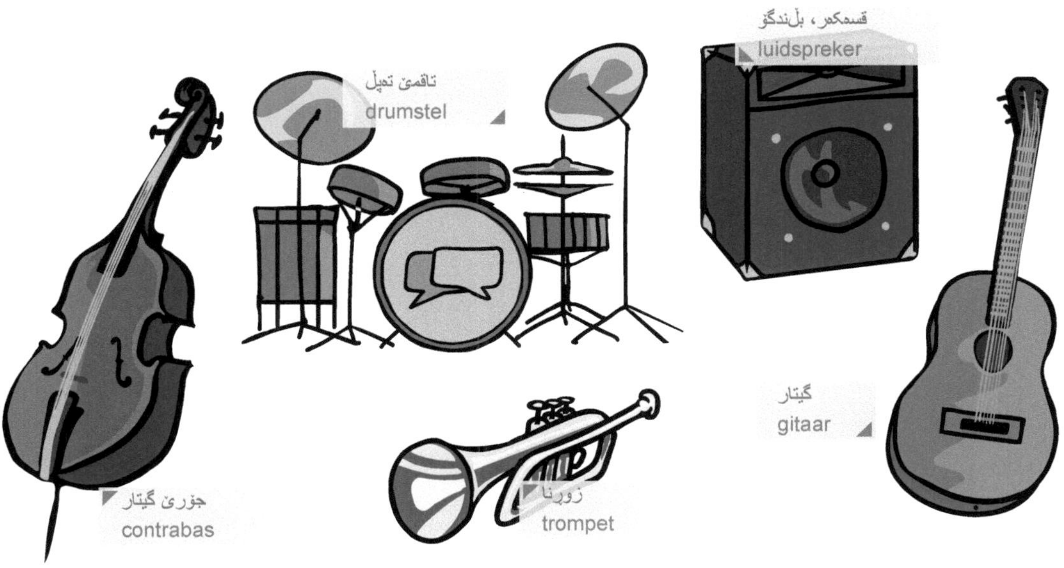

قسەکەر، بڵندگۆ
luidspreker

تاقمی تەپڵ
drumstel ◄

گیتار
gitaar ◄

جۆری گیتار ◄
contrabas

زوڕنا
trompet

پیانۆ

piano

کەمانچە

viool

گیتار

basgitaar

دەهۆڵ

pauk

تەپڵ

trommels

تەختەکلیل

keyboard

ساکسافۆن

saxofoon

فلووت، شمشاڵ

fluit

مایکرۆفۆن

microfoon

باخچەی ئاژەڵان

zoo

ناڤدەر، دەروازە
ingang
پڵینگ
tijger
قەفەز
kooi
zebra
خواردنی ئاژەڵان
diereneten
ورچی پاندا
panda

ئاژەڵەکان

dieren

فیل

olifant

کانگۆرۆ

kangoeroe

کەرکەدەن

neushoorn

گۆریلا

gorilla

ورچ

beer

وشتر

....

kameel

وشترمریشک

....

struisvogel

شێر

....

leeuw

مەیموون

....

aap

فڵامینگۆ

....

flamingo

تووتی

....

papegaai

ورچی جەمسەری

....

ijsbeer

پێنگوین

....

pinguïn

قرش، سەگەماسی

....

haai

تاووس

....

pauw

مار

....

slang

تیمساح

....

krokodil

پارێزەری باخچەی ئاژەڵان

....

dierenverzorger

سەگی دەریایی

....

zeehond

پڵینگ

....

jaguar

ئەسپی قەزەم

....

pony

پشیلەی پڵینگی

....

luipaard

ئەسپی ئاوی

....

nijlpaard

زەرافە

....

giraffe

هەڵۆ

....

adelaar

بەرازی کێوی

....

wild zwijn

ماسی

....

vis

کیسەڵ

....

zeeschildpad

واڵڕاس، ئاژەڵێکی دەریایی

....

walrus

ڕێوی

....

vos

ئاسک

....

gazelle

وەرزش

sporten

تۆپیپێی ئەمریکی
rugby
دووچەرخەی خوڕین
wielrennen
تێنیس
tennis
تۆپی باسکە
basketbal
مەلەکردن
zwemmen
بۆکسێن
boksen
هۆکی سەر سەهۆڵ
ijshockey

فووتبۆڵ
voetbal

بەدمینتۆن
badminton

وەرزشوان
atletiek

هەندباڵ
handbal

خلیسکێن
skiën

پۆلۆ
polo

چالاکیەکان
activiteiten

بازکردن
springen
لەباوەشگرتن، لەئامێزگرتن
knuffelen
پێکەنین
lachen
بەرێداڕۆیشتن، پیاسەکردن
wandelen
گۆرانی خوێندن
zingen
خەون دیتن، خەون بینین
dromen
پاڕانەوە، نوێژکردن
bidden
ماچکردن
kussen

نووسین
schrijven

وێنەکێشان
tekenen

نیشاندان
tonen

پاڵ پێوەنان
duwen

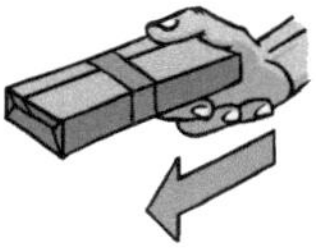

دان
geven

هەڵگرتن
nemen

هەبوون

hebben

کردن

doen

بوون

zijn

ڕاوەستان

staan

هەڵاتن

lopen

کێشان

trekken

هاویشتن

gooien

کەوتن

vallen

درۆکردن

liggen

چاوەڕێبوون

wachten

هەڵگرتن

dragen

دانیشتن

zitten

جل لەبەرکردن

aankleden

خەوتن

slapen

لەخەوهەستان

ontwaken

چاولێکردن

kijken naar

گریان

wenen

جەڵتەلێدان

aaien

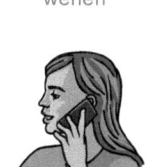

قژداهێنان، شانەکردن

kammen

قسەکردن

praten

تێگەیشتن

begrijpen

پرسیارکردن، پرسین

vragen

گوێڕاگرتن

luisteren

خواردنەوە

drinken

خواردن

eten

ڕێکوپێک کردن

opruimen

خۆشویستن

houden van

چێش لێنان

koken

شۆفێریکردن

rijden

فڕین

vliegen

کەشتیوانی
....
zeilen

حساب‌کردن، ژماردن
....
rekenen

خوێندنەوە
....
Lezen

فێربوون
....
leren

کارکردن
....
werken

زەماوەندکردن
....
trouwen

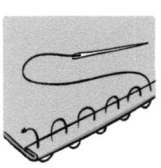

دورین، دورومانکردن
....
naaien

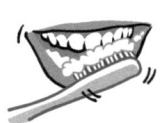

فڵچە لەددان دان
....
tandenpoetsen

کوشتن
....
doden

جگەرەکێشان
....
roken

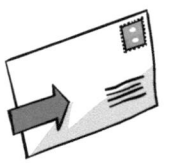

ناردن
....
sturen

بنەماڵە
familie

دایمگەورە
grootmoeder
باومگەورە
grootvader
باوک، باب
vader
دایک
moeder
منداڵی ساوا
baby
کچ
dochter
کوڕ
zoon

میوان

gast

پوور

tante

مام، خاڵ

oom

برا

broer

خوشک

zus

جەستە، لەش

lichaam

ناوچاوان، تویڵ
voorhoofd
چاو
oog
شان
schouder
قامک
vinger
دەموچاو، ڕوومەت
gezicht
چەنە
kin
دەست
hand
لاق
been
سنگ
borst
باسک، قۆڵ
arm

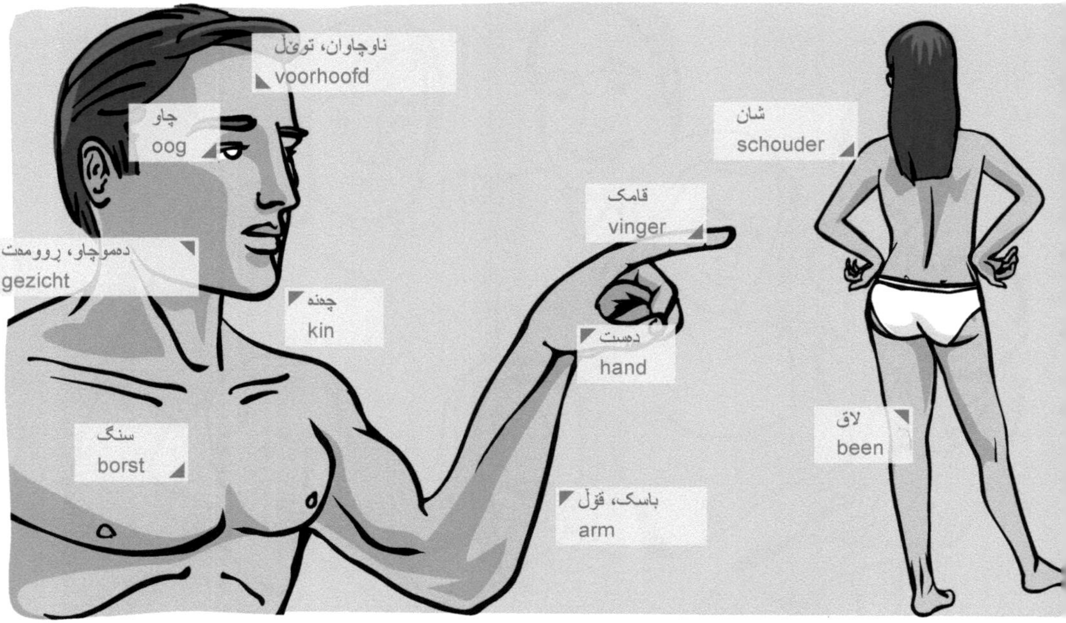

منداڵی ساوا

baby

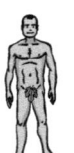

پیاو

man

ژن

vrouw

کچ

meisje

کوڕ

jongen

سەر

hoofd

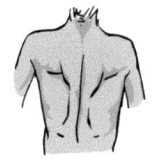

پشت

rug

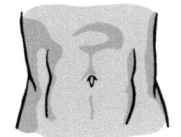

زگ

buik

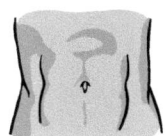

ناوک

navel

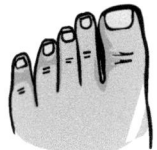

قامکی پێ

teen

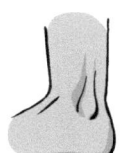

پاژنەی پێ

hiel

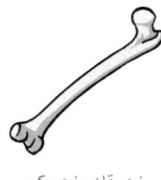

ئێسقان، ئێسک

bot

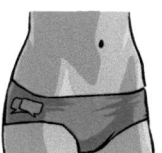

سمت

heup

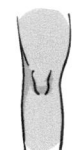

ئەژنۆ

knie

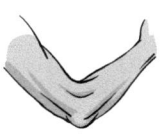

ئانیشک

elleboog

لووت

neus

قوون

zitvlak

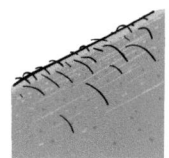

پێست

huid

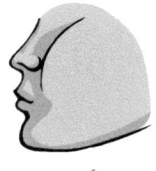

گوپ

wang

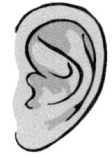

گوێ

oor

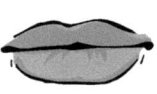

لێو

lip

جەستە، لەش - lichaam

دەم، زار

mond

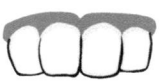

ددان

tand

زمان

tong

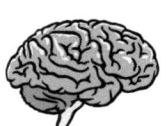

مێشک

hersenen

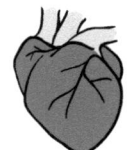

دڵ

hart

ماسوولکە

spier

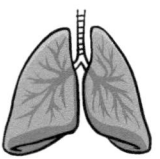

سیپەلاک، سی

long

جەرگ

lever

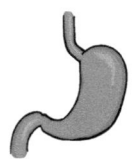

گەدە

maag

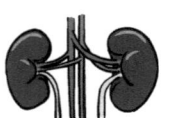

گورچیلە

nieren

سێکس

seks

کۆندۆم

condoom

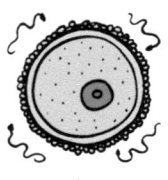

توو، گەرا

eicel

تۆو

sperma

دووگیانی

zwangerschap

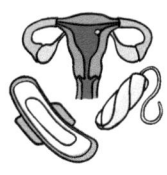

کەوتنە سەر خوێن

....

menstruatie

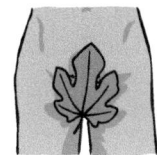

زێ

....

vagina

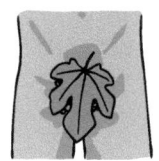

کێر

....

penis

برۆ

....

wenkbrauw

قژ

....

haar

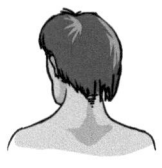

مل

....

nek

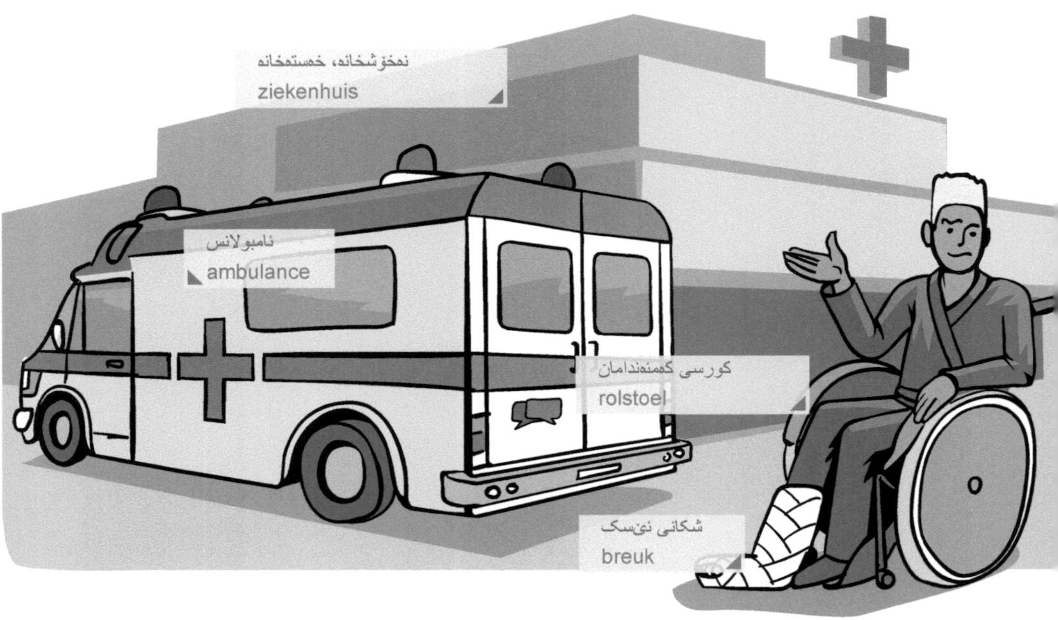

نەخۆشخانە، خەستەخانە

ziekenhuis

ئامبولانس
ambulance
کورسی کەمئەندامان
rolstoel
شکانی ئێسک
breuk

دکتۆر

dokter

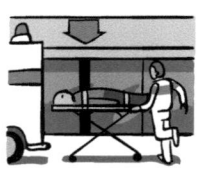

ژووری فریاکەوتن

spoed

نەخۆشوان

verpleegkundige

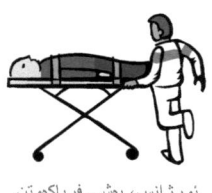

ئورژانس، بەشی فریاکەوتن

noodgeval

بێهۆش

bewusteloos

ژان، ئێش

pijn

بریندارى
verwonding

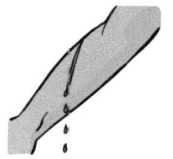

خوێنڕێژی
bloeding

جەڵتەی دڵ
hartaanval

جەڵتە
beroerte

ئالێرژی، هەستیاری
allergie

کۆخە
hoest

تا
koorts

ئەنفلۆنزا
griep

زگچوون
diarree

سەرێشە، ژانەسەر
hoofdpijn

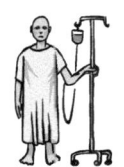

سەرەتان
kanker

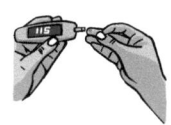

شەکرە
diabetes

نەشتەرگەر
chirurg

نەشتەر، چەقۆی توێکاری
scalpel

نەشتەرگەری
operatie

CT

CT

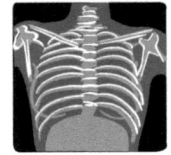

تیشکی ئێکس

röntgenstraal

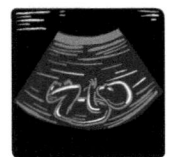

ئوڵتراساوند

ultrageluid

ماسکی ڕوومەت

gezichtsmasker

نەخۆشی

ziekte

ژووری چاوەڕێبوون

wachtkamer

گۆچان

kruk

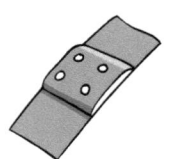

مشەما

pleister

برین پێچ

verband

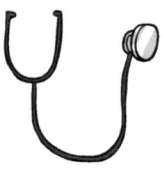

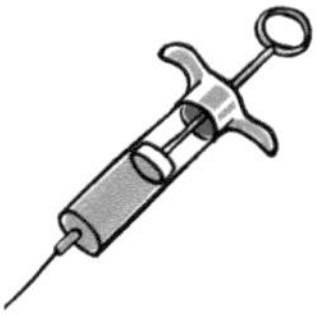

دەرزی لێدان

injectie

بیستۆکی پزیشک

stethoscoop

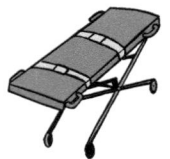

داربەست

brancard

گەرماپێوی کلینیکی

thermometer

لەدایکبوون

geboorte

زیادەکێش/قەڵەویی

overgewicht

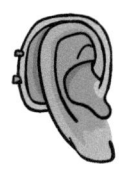

بیستۆک

hoorapparaat

میکرۆبکوژ

ontsmettingsmiddel

چڵک

infectie

ویروس

virus

ئەیدز

HIV / AIDS

دەرمان

medicijn

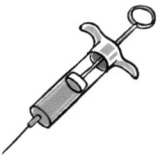

کوتان

vaccinatie

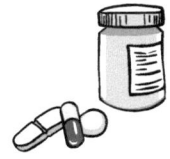

حەب

tabletten

حەب

pil

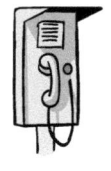

تەلەفۆنی فریاکەوتن

noodoproep

پیشانگەری پەستانی خوێن

bloeddrukmeter

نەخۆش / سڵامەت

ziek / gezond

ئورژانس، بەشی فریاکەوتن

noodgeval

یارمەتی!

Help!

ئاگادارکردنەوە، ئەلارم

alarm

دەستدرێژی

overval

هێرشکردن

aanval

مەترسی

gevaar

چوونەدەرەوەی ئورژانس

nooduitgang

ئاگر!

Brand!

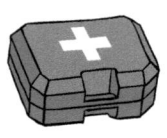

ئاگرکوژێنەوە

brandblusser

ڕووداو، پێشهات

ongeval

قوتووی یارمەتی فریاکەوتن

EHBO-kit

SOS

SOS

پولیس

politie

ئەورۆپا
....
Europa

ئەمریکای باکوور
....
Noord-Amerika

ئەمریکاری باشوور
....
Zuid-Amerika

ئافریقا
....
Afrika

ئاسیا
....
Azië

ئوسترالیا
....
Australië

ئەتڵەسی، ئۆقیانووسی ئەتڵەسی
....
Atlantische Oceaan

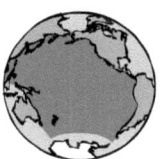

زەریای هێمن
....
Stille Oceaan

ئۆقیانووسی هیندی
....
Indische Oceaan

ئۆقیانووسی جەمسەری باشوور
....
Antarctische Oceaan

ئۆقیانووسی جەمسەری باکوور
....
Arctische Oceaan

جەمسەری باکوور
....
Noordpool

جەمسەری باشوور

Zuidpool

ناوچەی جەمسەری باشوور

Antarctica

ئەرز، زەوی

aarde

خاک، وشکانی

land

دەریا، زەریا

zee

دوورگە

eiland

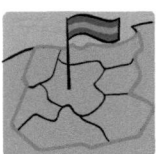

گەل، نەتەوە

natie

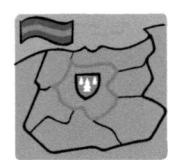

وڵات، پارێزگا، دەوڵەت

staat

روخساری کاتژمێر

wijzerplaat

نیشاندەری کاتژمێر

uurwijzer

نیشاندەری خولەک

minuutwijzer

دەستی دوو

secondewijzer

کاتژمێر چەندە؟، سەعات چەندە؟

Hoe laat is het?

ڕۆژ

dag

کات، زەمان

tijd

ئێستا، هەنووکە

nu

کاتژمێری دیجیتاڵی

digitale horloge

خولەک

minuut

کاتژمێر

uur

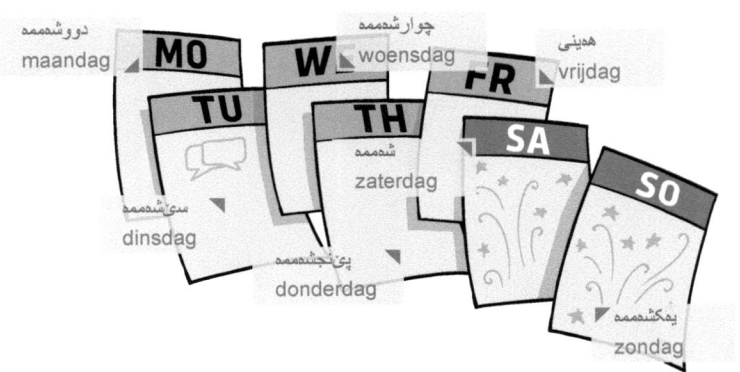

week

دووشەممە
maandag
سێشەممە
dinsdag
چوارشەممە
woensdag
پێنجشەممە
donderdag
هەینی
vrijdag
شەممە
zaterdag
یەکشەممە
zondag

دوێنێ
....
gisteren

ئەمڕۆ، ئەوڕۆ
....
vandaag

سبەینێ
....
morgen

بەیانی
....
ochtend

نیوەڕۆ
....
middag

ئێوارە
....
avond

ڕۆژی کار
....
werkdagen

کۆتایی هەفتە
....
weekend

باران
regen
کۆلکەزێرینە
regenboog
بازکردن
wind
بەفر
sneeuw
lente
zomer
پاییز
herfst
زستان
winter

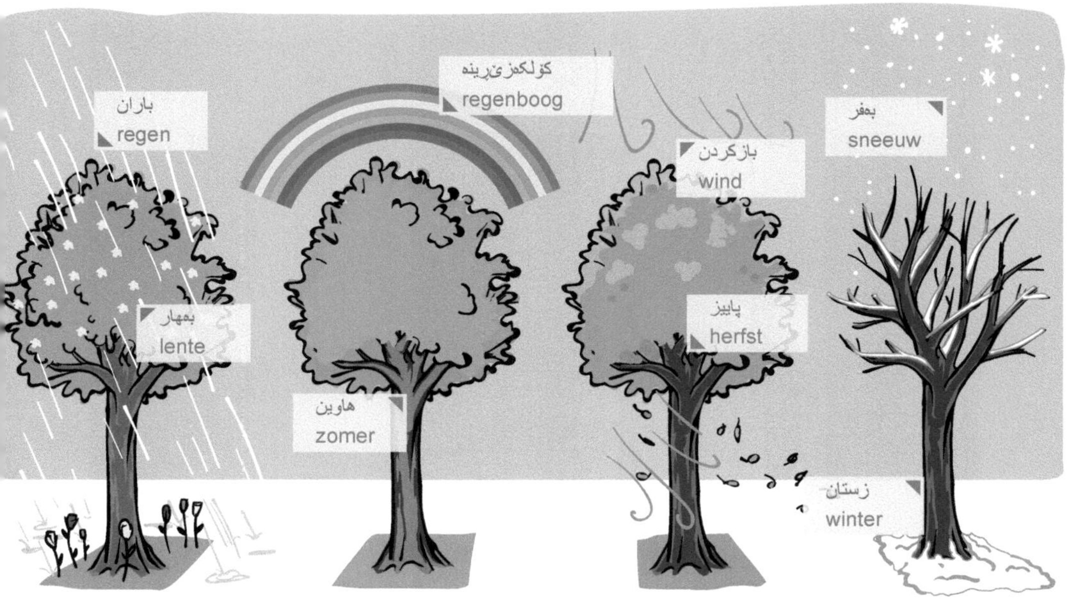

پێشبینی هەوا
....
weervoorspelling

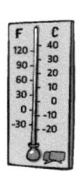

گەرماپێو
....
thermometer

خۆرەتاو
....
zonneschijn

هەور
....
wolk

تەموومژ
....
mist

تەرایی
....
vochtigheid

هەورەتریشقە، بروسکە

bliksem

هەورەگرمە

donder

باوبۆران، تۆفان

storm

تەرزە

hagel

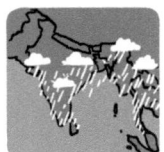

مانسوون

moesson

لافاو

overstroming

سەهۆڵ

ijs

جانیەوەری

januari

فێبریوەری

februari

مارچ

maart

ئەیپریل

april

مەی

mei

جوون

juni

جوولای

juli

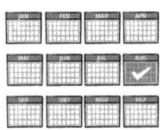

ئۆگۆست

augustus

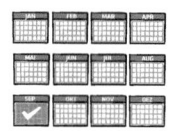

سێپتەمبەر

september

ئۆکتۆبەر

oktober

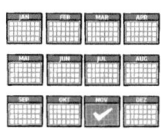

نۆڤەمبەر

november

دیسەمبەر

december

شێوەکان

vormen

بازنە

cirkel

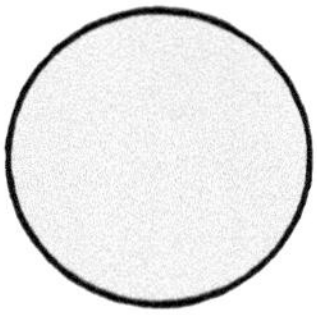

چوارگۆشە

kwadraat

چوارگۆشەی درێژ

rechthoek

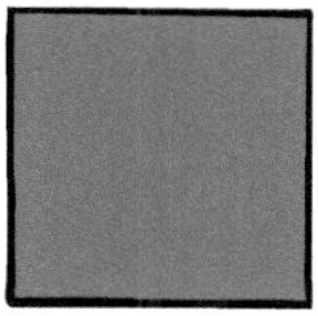

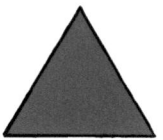

سێگۆشە

driehoek

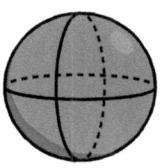

تۆپ، گۆ

bol

خشتەک

kubus

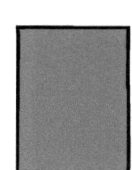

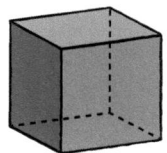

ڕەنگەکان
kleuren

سپی

wit

زەرد

geel

پرتەقاڵیی

oranje

پەمەیی

roze

سوور

rood

بنەوش

paars

شین

blauw

سەوز

groen

قاوەیی

bruin

بۆر

grijs

ڕەش

zwart

دژبەرەکان

tegengestelden

زۆر / کەم

veel / weinig

تووڕە / لەسەرەخۆ

boos / kalm

جوان / ناحەز

mooi / lelijk

سەرەتا / کۆتایی

begin / einde

گەورە / چکۆلە

groot / klein

ڕووناک / تاریک

licht / donker

برا / خوشک

broer / zus

خاوێن / چڵکن

proper / vuil

تەواو / ناتەواو

volledig / onvolledig

ڕۆژ / شەو

dag / nacht

مردوو / زیندوو

dood / levend

پان / تەنگ

breed / smal

خۆش / ناخۆش

eetbaar / oneetbaar

نەگریس / بەبەزەیی

kwaadaardig / vriendelijk

وروژاو / بێزار

opgewonden / verveeld

قەڵەو / لاواز

dik / dun

یەکەم / ئاخر

eerst / laatst

دۆست / دوژمن

vriend / vijand

پڕ / خاڵی

vol / leeg

ڕەق / نەرم

hard / zacht

قورس / سووک

zwaar / licht

برسی / تینوی

honger / dorst

نەخۆش / سڵامەت

ziek / gezond

نایاسایی / یاسایی

illegaal / legaal

زیرەک / گەمژە

intelligent / dom

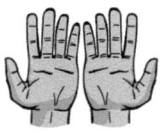

چەپ / ڕاست

links / rechts

نزیک / دوور

dichtbij / veraf

نوێ / کۆن، بەکارهاتوو

nieuw / gebruikt

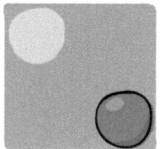

هیچ شتێک / شتێک

niets / iets

پیر / لاو

oud / jong

هەڵکراو / کوژاوه

aan / uit

کراوه / داخراو

open / dicht

بێدەنگ / دەنگی بەرز

stil / luid

دەوڵەمەند / هەژار

rijk / arm

ڕاست / هەڵه

juist / fout

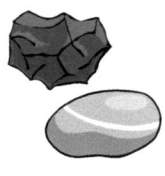

زبر / ساف

ruw / glad

خەمین / خۆشحاڵ

droevig / blij

کورت / درێژ

kort / lang

هێواش / خێرا

traag / snel

تەڕ / وشک

nat / droog

گەرم / فێنک

warm / koud

شەڕ / ئاشتی

oorlog / vrede

ژمارەکان
cijfers

0	1	2
سیفر	یەک	دوو
nul	één	twee
3	4	5
سێ	چوار	پێنج
drie	vier	vijf
6	7	8
شەش	حەوت	هەشت
zes	zeven	acht
9	10	11
نۆ	دە	یازدە
negen	tien	elf

12

دوازده

twaalf

13

سێزده

dertien

14

چوارده

veertien

15

پازده، پانزه

vijftien

16

شازده

zestien

17

حەڤده

zeventien

18

هەژده

achtien

19

نۆزده

negentien

20

بیست

twintig

100

سەد

honderd

1.000

هەزار

duizend

1.000.000

میلیۆن

miljoen

زمانەکان
Talen

ئینگلیزی

Engels

ئینگلیزی ئەمەریکی

Amerikaans Engels

چینی ماندارین

Chinees (Mandarijn)

هیٚندی

Hindi

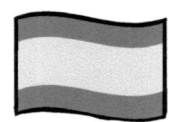

ئیسپانی

Spaans

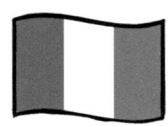

فەرەنسی

Frans

عەرەبی

Arabisch

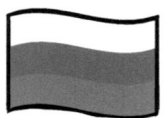

ڕووسی

Russisch

پۆرتوگالی

Portugees

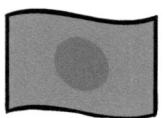

بەنگالی

Bengali

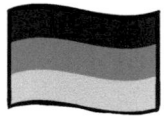

ئاڵمانی

Duits

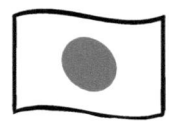

ژاپۆنی

Japans

کێ / چی / چۆن

wie / wat / hoe

من

ik

تۆ

u

ئەو

hij / zij / het

ئێمە

wij

ئێوە

u

ئەوان

ze

کێ؟

wie?

چی؟

wat?

چۆن؟

hoe?

لەکوێ؟

waar?

کەنگێ؟ کەی؟

wanneer?

ناو

naam

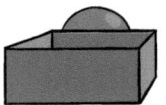

شوێن

waar

لەپشت
achter

لە
in

لەپێش
voor

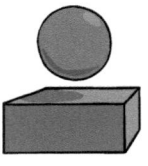

سەری
boven

لەسەر
op

ژێر
onder

لە تەنیشت
naast

لەنێوان
tussen

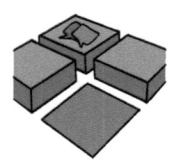

شوێن، جێ
plaats